W0047874

Hinter dem
Rauschen der Welt
klopft das Herz

Julie Weißbach

Hinter dem
Rauschen der Welt
klopft das Herz

Gedankenbilderbuch

Julie Weißbach

Verlag Agentur Altepost

JULIE WEIßBACH
Über die Autorin

Sie liebt die kleinen Geschichten, die jeder mit sich herumträgt und deren Wahrheit für jeden eine andere ist. Ihre Zeichnungen und Texte, Chansons in drei Sprachen und Stop-Motion Filme erzählen von der Poesie des Seins, der B-Seite der Dinge und dem Knoten im roten Faden.

Julie Weißbach wurde 1982 in Dresden geboren, wuchs in Meißen auf und lebt als Künstlerin und Illustratorin, Sängerin und Songschreiberin, Autorin und Dozentin in Lübeck.

Nach Aufenthalten in New Mexico und Frankreich studierte sie an der Kunstakademie Münster als Meisterschülerin von Lili Fischer Freie Kunst sowie Romanistik an der Westfälischen Wilhelms-Universität.

Für ihren Kurzfilm *Existence Extra Ordinaire* wurde die Multikünstlerin vom Kultursender Arte und den Konstanzer Kurzfilmspielen ausgezeichnet.

Hinter dem Rauschen der Welt klopft das Herz ist ihr erstes Buch.

„Tauchen Sie ein! Unter der Oberfläche wartet ein Ozean."

I N H A L T

A U R O R A

Führ mich hinters Licht. Zu einem Ort, an dem die Zeit stillsteht. Wo die Autobahn meiner Gedanken unbefahren und ruhig in der Dämmerung liegt. Jede Richtung ist gut. Jeder Weg ein Versprechen. Jeder Moment der Anfang einer Geschichte. Jede Geschichte eine Verheißung. Der Horizont ist immer auf Augenhöhe.

Aurora. Dieser wunderschöne Filter. Samtenes Rot auf dem Asphalt. Meine nackten Füße nur wenig wärmer als das Anthrazit der Straße. Es ist Sommer. Die Luft ist staubig und die Natur kurz davor, sich an ihrer eigenen Fülle zu verausgaben.

Wie ich dieses Licht liebe. Alle Farben hängen von der Sonne ab. Alles Sein folgt ihrem Takt. Jede Faser meines Körpers speist sich aus ihrem Glanz.

Mein Motor. Meine Medizin. Meine Muse.

Wärmt sie mich, wachse ich über mich hinaus. Durchwebt sie mich, sehe ich klarer. Wo sie ist, kann ich sein. Fotosynthese der Seele.

Die Zeit steht still. So still, dass ich ein Foto von ihr machen könnte. Jede Richtung ist gut. Jede Perspektive eine Verheißung. Jedes Leben ein Spiegel des Lebens. Das ist die Wahrheit.

Der Tag versinkt in der Kühle der Nacht.

Und dann ist die Sonne verschwunden.

K O K O N

Hinter schmutzigen Scheiben fliegt der Tag vorbei. Menschenleere Ortschaften und vollgepackte Bahnsteige ziehen Streifen in meinen Blick. Felder und Wälder, Bahnhof und Hinterhof, Himmel und Erde.

In ihren Köpfen fest verschlossene Menschen bevölkern das Abteil. Dieser Raum gehört uns allen und doch teilen wir nicht. Ich hänge meinen Gedanken nach und frage mich, wie viele der Leben in diesem Zug einander wohl schon gekreuzt haben. Bewusst oder unbewusst. Wer weiß das schon.

Habe ich sie nicht schon mal irgendwo gesehen? Er kommt mir so bekannt vor.

Wenn der Mann neben mir wüsste, dass die Frau, die seit Dekaden seine Träume besucht, im Speisewagen sitzt und darauf wartet, dass er sie endlich abholt. Würde er dann nicht die vielleicht einzige Gelegenheit mit seinem Handy vergeuden? Wenn die Frau im Speisewagen sicher sein könnte, dass er wirklich kommt, hätte sie dann keine Rückreise gebucht?

Stop. Eine Stimme dringt in mein Ohr, die alles um mich herum ausschaltet. Sie lässt die Gegenwart verschwimmen. Zerfasert das Hier und Jetzt. Hebelt mich aus dem Moment.

Melancholie, dick wie Honig, sickert in meine Gedanken. Eine Melodie wie ein Kokon. Ein Timbre voller Luft und doch stockt mir der Atem. Es umkreist mich. Zieht mich nach innen. Sickert wie Wasser in Sedimentgestein. Tröpfelt tiefer. Tiefer. Immer tiefer. Bis zum Kern.

Samt. Süße Schwere. Hypnotische Kraft. Schönheit, die schwindelig macht. Dieses Lied geht so tief, dass es weh tut.

Der Herr neben mir tippt mich an, winkt mir zu und geht. Ich ziehe die Kopfhörer aus den Ohren.

Fast hätte ich den Absprung nicht geschafft.

AUGEN ZU

Manchmal muss man die Augen schließen, um klar zu sehen.

Hinter dem Rauschen der Welt klopft das Herz. Durch den Lärm der Puls hinter den Schläfen.

Überall blinkt es, zapft die Konzentration an, ruft zur Selbstoptimierung auf. Wir können alle immer noch besser werden. Wenn du wissen willst, wie ich es so weit geschafft habe, abonniere jetzt meinen Newsletter. Sie haben drei neue Benachrichtigungen und vier Anrufe in Abwesenheit. Wer jetzt sofort zugreift, bekommt 50 Prozent Rabatt. Warte, nur noch kurz auf diese Nachricht antworten.

Tick Tack. Zeit ist Geld.
Tick Tack. Fokus ist alles.
Tick Tack. Carpe Diem.

Als ich ein Kind war, vermochte kein Lärm der Welt den Takt meiner inneren Uhr zu stören. Da war jeder Tag ein Jetzt. Jedes Jetzt ein Hier. Jedes Gestern genauso weit entfernt wie jedes Morgen. Jeder Moment eine Ewigkeit.

Und dann kam irgendwann die Eile. Gleich muss ich zu einem Meeting. Zeit, die Kurve zu kriegen. Wir sind gefährlich nah an der Deadline. Welch symbolisches Wort für einen menschengemachten Fixpunkt. Deadline. Lebensgefahr am Stichtag?

Tick Tack.

Was kostet das Leben? Ist das die richtige Frage? Hinter dem Rauschen der Welt klopft das Herz. Durch den Lärm der Puls hinter den Schläfen.

Manchmal muss man die Augen schließen, um klar zu sehen. Manchmal muss man aufhören, anwesend zu sein, um wirklich präsent sein zu können. Manchmal muss man inne halten und die Fragen neu schreiben.

Wie koste ich das Leben?

Augen zu.

Rauschen.

Stille.

Leben.

DAS BAND

Und der Himmel über mir
Wie schwerer nachtblauer Samt
Mit abertausenden Löchern im Gewebe
Durchleuchtet von der Unendlichkeit des Universums
Wie eine Erinnerung
Du bist zuhause

Und unter mir die Stadt
Das Meer aus Fenstern und Dachluken
Verandatüren und Wintergärten
Im Dunklen sind sie alle gleich
Lichtpunkte menschlichen Daseins
Auf der Landkarte unserer Existenz
Beweise für schlagende Herzen
Randvoll mit Geschichten
Die nur sie kennen

Und du, mein Spiegel
Am anderen Ende der Leitung
Du bist ein roter Faden
Im Stoff meines Lebens
Das Band, das uns verbindet
Bei Tag und bei Nacht
Braucht keine Versicherung
Es ist herzgemacht
Wie gut, dass wir uns haben
Mein Freund
Meine Liebe
Meine Zuversicht

EINMAL BARCELONA

Das Handgepäck platzt aus allen Nähten. Im Flughafen ist es stickig. Man ahnt, welche Hitze in wenigen Wochen den Atem flach halten wird. Ein letztes Aufbäumen hinter der Glasfront. Ein letztes, goldenes Solo. Dann ist die Sonne verschwunden.

Ich fühle mich matt von der Reise und wach von den Bildern in meinem Kopf. Die Wartehalle füllt sich. Mir gegenüber sitzt nun ein Pärchen, von dem ich nicht weiß, ob es eines ist. Sie sind jung, Mitte zwanzig. Sitzen einander zugewandt. Es wirkt, als hätten sie sich eben erst kennengelernt.

Ein großer, dunkelhaariger Typ mit einer bemerkenswert sanften Ausstrahlung. Eine junge Frau mit einem zauberhaften Lachen. Er hat etwas Rührendes an sich. Sie streicht ihr schweres, langes Haar aus dem Gesicht. Er kann nicht zufällig darüber hinwegsehen.

Sie stellen einander Fragen, die ich nicht hören kann. Ihre Zungenspitzen berühren oft den Gaumen. Diese rollende, lebendige Sprache. Bald tauschen sie Nummern aus. Ein logischer Schritt. Ein fatales Wagnis? Sie passen so gut zusammen. Seine Sanftheit und ihr Lachen.

Nach der Landung warten sie gemeinsam auf ihre Koffer. Stehen mir direkt gegenüber. Sind nicht zu übersehen. Als wollten sie meinen Segen. Sind sie jetzt mehr füreinander als noch vor drei Stunden?

Das Gepäck ist leicht am Anfang der Reise.

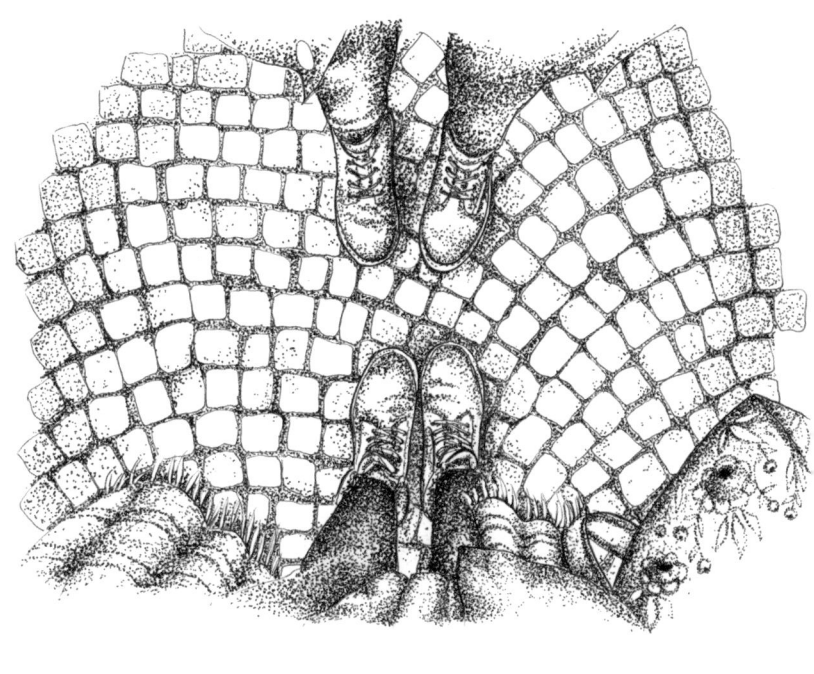

FILMRISS

Manchmal muss ich an dich denken
und dann kommt es mir so vor,
als hätte ich unsere Geschichte irgendwo gelesen
oder im Radio gehört.

Wie den Trailer eines Filmes,
den ich dann doch nicht gesehen habe.
Ähnlichkeiten mit real existierenden Personen sind rein zufällig,
heißt es im Abspann.

Schon seltsam.
Als hätte ich dich erfunden, um eine Lücke zu füllen,
wo gar keine ist.
Dabei warst du mein ganzes Leben.

DAS HERZ

Der Himmel hängt wie ein verwaschenes Bettlaken über der Stadt. Im Vorstadtzug schaue ich in die zerknitterten Gesichter des Alltages.

Jemand hat von außen mit seinem Finger ein Herz an das staubige Zugfenster gemalt.

Jetzt, da es dunkel wird, sehe ich, dass ein anderer von innen seine Hand auf dieses Herz gelegt und einen Abdruck darauf hinterlassen hat. Die beinahe unsichtbare Spur eines Abschiedes und einer Geschichte, von der ich nichts weiß.

Und als wäre es das erste Mal, erblicke ich die Lichter der Stadt.

Durch das Herz eines Fremden.

ETÜDE

Mein Leben ist ein Setzkasten

aus Augenblicken und Ewigkeiten,

ein Geflecht aus Dauer und Eile

in stetigem Wechsel.

Täglich ändert sich die Perspektive,

das Gestern wird immer mehr Vergangenheit,

das Heute drängt auf Entscheidungen

und fürchtet den Stillstand.

Das Morgen wartet auf seine Zeit

und speist seine Größe aus meiner Fantasie.

ZEITREISE

Manchmal frage ich mich, warum die Dinge genau so sind, wie sie sind. Und ob die Brille, durch die ich schaue, wirklich meine eigene ist. Die Summe dessen, was ich gelebt und gelernt habe. Die Essenz meiner Erfahrungen. Der Motor meiner Ambitionen. Das Gewicht meiner Träume.

Habe ich auch nichts übersehen, was mir zu sehen bestimmt war? Wer wäre ich heute, wenn ich an einer Kreuzung eine andere Abzweigung genommen hätte? Wer werde ich morgen sein, wenn ich hier und jetzt die Richtung ändere? Alles zu seiner Zeit.

Ich bin bis hierhin reif für die Zeit. Reif für das, was ist. Reif für die Umwege und Sackgassen, die Aussichtspunkte und Raststätten, die Hochplateaus und Täler, die Trampelpfade und Abkürzungen. Reif für den Weg zu mir. Als ob einem am Ende der Straße eine Hand entgegengestreckt würde und eine Stimme flüstert: „Schau mal von hier oben ... aus diesem Labyrinth bist du geworden. In diesem Dickicht war dein Weg."

Ich weiß nicht, wohin die Reise geht und wie lange es dauert. Ich weiß nicht, was morgen ist.

Die Zeit ist reif, wenn ich es bin.

UND WIEDER MENSCHEN

Manche berühren mich mehr als andere.
Es sind jene,
die sich nicht nur schützen.
Sie sehen entschlossener.
Aus ihren Augen spricht
die Stimme der Sehnsucht
nach Leben.

Vielleicht sind es meine Sinne,
die mich täuschen.
Sie projizieren meinen Hunger
nach Freiheit in fremde Gesichter
und spiegeln
meiner Seele Suche
nach sich selbst.

LANGE WEILE

Im Grunde braucht es Zeit.

Zeit, die es eben dauert, bis aus einem Plan eine Tatsache wird.
Zeit, die vergeht, ohne dass von außen einsehbar ist, dass
sich innen etwas bewegt. Zeit, die gelebt oder ungenutzt, so
oder so verstreicht und deren Tempo abhängig ist von der
Dehnbarkeit des Moments, in dem man sich ihrer Kostbarkeit
bewusst wird.

Im Grunde braucht es Geduld.

Ist sie es nicht, die einen mit der Gewissheit ausharren lässt,
dass das Warten ein Ende haben wird, wenn es soweit ist?
Geduld, dass das von außen nicht Einsehbare die Pforten
seiner Fassade öffnen und mit einem Blick auf Tatsachen
endlich alles klar wird.

Im Grunde braucht es Eile, um die Zeit zu spüren.
Im Grunde braucht es Ungeduld, um das Warten zu begreifen.
Im Grunde braucht es Zeit, denn es wird dauern.
Im Grunde braucht es Geduld.

Ich bin so kurz davor.

U N T E R W E G S

Wenn ich auf Reisen bin, nehme ich meine innere Welt mit in die äußere Welt des Ortes, zu dem ich reise. Wenn ich auf Reisen bin, entsteht ein neuer Ort für meine Gedanken. Eine Blase, zum Bersten gefüllt mit Emotionen. Ein anderes Heute in einer Gegenwart mit neuer Perspektive.

Vielleicht ist es das Kurzfristige, das der Blase den Glanz der fragilen Kostbarkeit verleiht. Die Tatsache, dass die Tage und Stunden gezählt sind, schon bevor die Reise beginnt. Das endliche Glück. Ich weiß, die Luft wird entweichen und die Farben werden verblassen.

Wenn ich auf Reisen bin, dann bin ich wach. Die innere und die äußere Welt verschmelzen zu einem gemeinsamen Ganzen. Ohne den ewigen Konjunktiv dessen, was sein könnte. Ohne Suche nach dem, was (noch) nicht ist.

Wer bin ich also, wenn ich reise? Eine leichtere Version meiner selbst?

Die Luft ist golden in der weichen Abendsonne. Die Schatten der Bäume liegen wie Teppiche auf den Feldern. Der Zug durchschneidet die stille Idylle und fährt konsequent und geradlinig seinem Ziel entgegen.

Ich schließe die Augen und rotes Licht flackert in mich hinein. Ich fühle mich auf entspannte Weise durchsichtig. Mein Körper ist ein Gefäß, in dem das Leben wohnt.

WEITES FELD

Zugfahren ist zutiefst heilsam.

Das Gefühl, bewegt zu *werden*.

Den Blick schweifen lassen, ohne etwas zu *wollen*.

Die Erlaubnis, auszuruhen in der Passivität.

Das Gegenteil von Stillstand.

Die Weite der Landschaft nimmt mich ein und meine inneren Begrenzungen sind nichts als rostige Gedankenzäune.

Ankommen ist das eine.

In sich selbst zuhause sein, eine ganz andere Geschichte.

ALLEINSAM

Es war an einem nassen Januarabend. Das Jahr war noch ganz jung. Ich stand an der Bushaltestelle und zählte das Kleingeld für die Busfahrkarte. Neben mir hatte ein älterer Herr Platz genommen. Er schaute in meine Richtung. Ich tat, als bemerkte ich nichts. Dann sprach er mich an: „Wohin fahren Sie?"

Ich nannte ihm die Haltestelle in der Innenstadt. „Das ist gut. Dort will ich auch hin. Lassen Sie – ich lade Sie ein." Ich muss etwas verwirrt geschaut haben. „Auf meinen Ausweis können zwei Personen fahren. Ich lade Sie ein. Sie fahren als meine Begleiterin."

Er hatte einen polnischen Akzent, der seinen Worten eine gewisse Vehemenz verlieh, obwohl er nicht sehr laut sprach.

Wenn ich annehme, wird er sich neben mich setzen. Vielleicht folgt er mir, wenn ich aussteige.

Er trug einen Hut und einen dunklen Mantel. An mehr erinnere ich mich nicht. Er muss um die siebzig gewesen sein. Sein Haar war fast weiß.

„Danke. Das ist nett von Ihnen", sagte ich.

Warum gerade ich? Es stehen noch fünf andere Leute hier herum. Vielleicht will er wirklich nur nett sein. Am Ende ist er einsam und würde sich freuen, ein paar Minuten zu reden.

Der Bus kam. Der Mann zeigte seinen Ausweis und stellte mich als seine Begleiterin vor. Ich ging voraus und setzte mich. Er nahm neben mir Platz und berührte mich am Arm: „Keine Angst". *Was wäre wenn?*

Da saßen wir also, Seite an Seite. Zwei Unbekannte unterwegs in dieselbe Richtung. Der Mensch ist ein seltsames Wesen. Er will nicht allein sein und ist doch stetig bemüht, sich abzugrenzen. Keine Grenzen zu setzen, kann böse enden. Mauern zu bauen, auch. Ein schmaler Grat.

Dann begann mein Begleiter zu erzählen. Davon, dass er schwer krank sei und seine Zeit so gut wie möglich nutze, sich abzulenken. „Ich habe eine Erfindung gemacht. Eine Erfindung, die ich bald zum Patent anmelden will. Dann werden wir keine Atomkraft mehr brauchen. Es gibt zu viel Krieg auf der Welt. Sie werden sehen."

Er lächelte in sich hinein und ich wünschte, er möge Recht behalten. Ich fragte ihn, wie lange er schon in der Stadt wohne, und er erzählte, dass es sieben Jahre her sei, seit er aus politischen Gründen nach Deutschland zurückgekommen war.

In Deutschland geboren, hatte er einen großen Teil seines Lebens in Polen verbracht. Dann sei er unbequem geworden, zu unangepasst. Bei einer Reise nach Russland hatte er einige Tage in einem sibirischen Arbeitslager verbracht, nachdem er sich in einem Gespräch zu regierungskritisch gegeben hatte. All das sei lange her. Er sei froh, hier zu leben, mit seinen Kindern und Enkeln, in diesem freien Land.

Der Bus hielt an. Wir stiegen aus, gaben einander die Hand. Bevor ich mich für die Fahrt bedanken konnte, drückte er meinen Arm und sagte herzlich: „Ich wünsche Ihnen alles Gute für dieses Jahr."

Dann war er aus meinem Sichtfeld verschwunden. Und ich weiß nicht mal seinen Namen.

NACH DEM WINTER

Das alte Jahr geht zu Ende wie ein Buch, dessen Geschichte erzählt ist. Das letzte Wort ist gesprochen. Zwischen den Zeilen das Gedachte, das Nichtgesagte. Schwarz auf Weiß die Fakten. Ein Jahr Leben.

Frühling. Hoffnung und Kraft.

Sommer. Leben, wie es sein soll.

Herbst. Tiefgang und Melancholie.

Winter. Graustufen der Ungeduld.

Früher habe ich versucht, die Dunkelheit zu tragen wie einen Rucksack mit Übergewicht. Ich dachte, dass jenseits der Oberfläche immer auch ein Schmerz sein muss. Dass es das Leichte nicht umsonst gibt.

Zu *regenerieren*, ohne den Drang, *reagieren* zu müssen, ist überwintern. Es ist die Gewissheit, dass das Warten die Brücke zum Frühling schlägt. Und zwischen den Zeilen der alte Spruch: In der Ruhe liegt die Kraft. Keine leichte Übung.

Und doch, ein Gefühl von Vertrauen hat sich eingeschlichen. So, wie sich am Ende des Winters das Licht seinen Weg unter die Haut bahnt. Zeit, den Staub des Alten von den Schultern zu klopfen und den Zug der Erinnerungen davonfahren zu lassen. Das Neue wartet. Zeit, zu leben.

Vielleicht ist da ein Geheimnis, das jeder Seele innewohnt. Wie ein Brunnen, in dem sich an hellen Tagen die Sonne spiegelt.

Und plötzlich ist er da. Der tiefe Atemzug, wenn man wieder oben auftaucht. Ein ungebändigter Reflex des Lebens.

NEUBEGINN

Ich habe Lust, auszubrechen
Um tiefer einzutauchen
Unter der Oberfläche
Wartet ein Ozean

Ich habe Lust, laut zu schreien
Alles ist bestens
Weil es mal anders war
Vorgestern, im Präteritum

Ich habe Lust auf morgen
Weil ich im Licht sitze
Au revoir, Dunkelheit
Vergiss deine Schatten nicht

Ich habe Lust auf Leben
Zwischen Klappentext und Schlussakkord
Lodert es knisternd
In Full HD

DAS SCHÖNE LEBEN

Ich spreche es jetzt mal aus. Ich wünsche mir das schöne Leben. Für jede und jeden, für alles, was atmet.

Völlig utopisch. Träum weiter.

Und dennoch, ich wünsche mir das schöne Leben. Keine Revolution. Keine Utopie. Keine unerreichbare Unerreichbarkeit. Nur dieses Adjektiv vor dem Substantiv dieses Lebens, das uns eint.

Echt jetzt? Wie naiv kann man eigentlich sein, in der heutigen Zeit?

Ich fange jetzt nicht an, die großen Fragen auf den Plan zu holen, dieses Gefüge aus Macht und Machtlosigkeit, dessen roter Faden zur Zündschnur geworden ist. Ich stelle den Fernseher aus, wenn es zu viel wird. Angesichts dieser Ohn-Macht.

Wirklich? Na dann hast du ja richtig was bewegt.

Vielleicht sollten wir kleiner anfangen. Viel kleiner. Mit den Basics. Bei uns selbst. Wir sollten uns die Worte zurückholen, damit es uns die Sprache nicht verschlägt.

Damit deine Wahrheit und meine Wahrheit einander erkennen und erkunden können, statt sich zu umzingeln. Menschlichkeit als Währung, nicht als Wertung. Mitgefühl als Mitgift. Mehr „wir" und weniger „ich".

Und dann tanzen alle glücklich im Kreis? Wie soll das gehen mit dem schönen Leben? Wenn das Leben der anderen weit entfernt von okay ist?

Vielleicht fängt es mit Dankbarkeit an. Dafür, dass man dieses Leben hat. Mit diesen Möglichkeiten. Mit einem alltäglichen Adjektiv davor. Dieses Leben als Geschenk und als Herausforderung, als Geschichtsbuch der eigenen Identität. Ein Leben zum Wachsen und ein Leben, um die Scherben dessen, was auf dem Weg zu Bruch gegangen ist, zusammenzukehren und am Ende vielleicht das Glück darin zu sehen, dass es doch anders gekommen ist.

Ist das das gute Leben? Zu lernen, was einem widerfährt, als etwas Eigenes anzunehmen, ohne sich deshalb in Gedanken zu positionieren als Gewinner oder Verlierer?

Sich zu sagen: Ich habe das erlebt, weil ich Leben leben kann, auch wenn das Gepäck nicht immer leicht ist und die Schuhe Blasen machen. Ich habe das erlebt, weil mein Geist frei ist von der Angst, ob ich morgen noch hier sein werde. Ich habe das erlebt, weil ich da bin, und weil das ein Teil der Spur ist, die ich hinterlasse.

Ist das das schöne Leben? Die Fähigkeit, das Leben spüren zu können? Und sich dann auszusuchen, welches Adjektiv man davor positionieren will?

Das nenne ich Glück.

ZWISCHEN JETZT UND HIER

Zwischen jetzt und hier passen Sekunden in Minuten,
Stunden in Tage, Monate in Jahre, Dekaden in Jahrhunderte
wie Schubladen in einen Schrank, und die Welt dreht sich.

Zwischen jetzt und hier liegt ein Wimpernschlag,
ein Wochenendtrip in den Süden und ein halbes Leben.

Zwischen jetzt und hier kann alles passieren,
darf manches nicht sein,
kommt es ganz anders.
Wie gut, dass ich es vorher nicht wusste,
denn sonst hätte ich mich nie darauf eingelassen.

Zwischen jetzt und hier schlängelt sich das Leben durch
Menschenmengen und Großstadtlärm,
durch überfüllte Straßenbahnen und leere Hinterhöfe,
durch Landschaftsschutzgebiete und Randzonen
auf dem Weg nachhause.

Zwischen jetzt und hier werden wir, was wir sind, weil es das ist,
was wir wollen, bis uns klar wird, dass es doch nicht so ist,
wie wir dachten, da muss doch noch was kommen.

Zwischen jetzt und hier bist du bei mir du, und ich bei dir ich,
und wir machen ein Polaroid, auf dem das Glück
nicht zu übersehen ist.

Zwischen jetzt und hier liege ich wach und mache
Gedankenspaziergänge, bis der Wecker klingelt.

Und dann ist jetzt hier.

DER GARTEN

In deiner Seele wächst ein Garten
Flüstert die Intuition
Und jede Menge Unkraut
Lästert das Ego
Ansichtssache
Weiß das Herz
Und ich nun auch

There's a garden growing in your soul
Whispers intuition
And it is full of weeds
Gossips the ego
It's a matter of perspective
Knows the heart
And so do I

Il y a un jardin qui pousse dans ton âme
Chuchote l'intuition
Et il est plein de mauvaises herbes
Se moque l'ego
Question de point de vue
Sait le cœur
Et moi aussi

GLÜCK

Wenn ich an die Zukunft denke, beschleicht mich das Gefühl, dass es den Weg des geringsten Widerstandes irgendwie nicht gibt.

Von außen betrachtet, sieht das Leben der anderen so lange geradlinig und erfolgsbeschienen aus, bis man erfährt, welchen Preis sie dafür bezahlen.

Geld oder Leben? Lauter Ruhm und stiller Neid? Worum geht's wirklich, draußen ankommen, oder drinnen bei sich sein?

Da ist sie wieder, die Frage nach der Gewichtung der Dinge.

Nichts geht ohne Verhältnis, sonst wird's maßlos.

Und was ist mit Glück?

Muss auch das portioniert werden, damit sich keiner dran verschluckt?

MAGIC MOMENT

Ich bin ein Kind meiner Generation und versucht zu glauben, dass man zum richtigen Zeitpunkt am richtigen Ort sein muss, um sein Lebensportfolio ins richtige Licht zu halten.

In einem Magic Moment verwandelt sich dann das Mädchen von nebenan in eine Ikone. Wenn man gut vorbereitet ist, anpassungsfähig wie die hippe Konkurrenz und sich bei Facebook nicht zu geizig zeigt mit geistigem Eigentum, stehen die Chancen gar nicht so schlecht, demnächst von jemandem entdeckt zu werden, der sich auskennt.

Und in sehr kurzer Zeit wird die Welt dann sehen, dass auch ich all das zu bieten habe, was ein Mensch allein eigentlich gar nicht leisten kann.

BLÜHENDES HERZ

Der Januar dauerte drei Monate
Er zog sich bis er spannte
Wintermüde von zähen Tagen
Die Flügel eingestaubt

Und dann ging alles ganz schnell
Wie ein Ballon zerplatzt
Aufprall aus dem Hinterhalt
Taumeln und Fallen

Als ich fiel kam der Bus
Als ich fiel stand die Zeit
Da waren nur wenige Zentimeter
Zwischen Sein und Nicht-Sein

Das war das Ende des Winters
Dort auf der Mittelspur
Sah ich mein Leben von oben
Wie es neu begann

Und als meine Lunge
Überwältigt nach Atem rang
Saß der Schreck im Nacken
Tanzte mein blühendes Herz

LEBENSENTWURF

Ich habe schon immer gern Menschen betrachtet. Es gibt nichts Tröstlicheres, als sich das Leben eines Fremden vorzustellen, der im Café am Fenster sitzt und das Feuilleton der FAZ studiert. Was er wohl sieht, wenn sich sein Gesicht in den penibel geputzten Scheiben vor den vorbei eilenden Passanten spiegelt? Ob er wohl Antwort gefunden hat auf die größten Fragen seines Lebens? Sind es seit jeher dieselben? Und was bedeutet Freiheit für ihn? Geld, oder Leben? Wofür würde er alles geben? Hat er noch Träume? Und weiß er, was Liebe ist?

Vielleicht liest er heimlich die Kontaktanzeigen.

Dann klingelt sein Handy und seine Stimme passt überhaupt nicht zu seiner Statur. Das Offensichtliche ist ein einziger Trugschluss. Doch sind es nicht die Unzulänglichkeiten, die uns vereinen? Die Erleichterung, wenn die Blase endlich platzt, die wir mühevoll aufrechterhalten haben? Ist es nicht genau da, wo wir zuhause sind? In der entwaffnenden Menschlichkeit unseres unperfekten Seins?

INSPIRATION

Ich sitze im stillen Kämmerlein und brüte.

Bringe Gedankenbilder zu Papier, die mich überfallen und manchmal für Tage lenken. Ergebe mich der Idee, die mich zwingt, mitten in der Nacht das Licht anzuknipsen, bevor sie sich in der Dunkelheit zerstreut.

Ich fühle mich verantwortlich für die Inspiration, die von mir Besitz ergreift wie ein Fieber. Es wäre Frevel und Dummheit, sie nicht auszukosten, sie davon ziehen zu lassen, ohne die Fühler nach ihr auszustrecken. Wer weiß, wie lange ich werde warten müssen, bis sie wiederkommt.

Ich muss sie füttern und nähren, damit sie sich wohlfühlt, es sich gemütlich macht, bei mir einzieht und bleiben will. Ich darf sie nicht aufhalten, einengen oder hetzen. Kann sie nicht ausblenden oder beiseiteschieben. Die Inspiration wartet nicht. Sie kennt nur den Augenblick.

Es gibt Zeiten, da passiert gar nichts. Es gibt Zeiten, in denen der Stillstand wie ein kahler Acker in mir wohnt und mir Gleichgültigkeit vorgaukelt. Es gibt Zeiten, da geht es rückwärts, weil es keinen Schritt nach vorne geht. Es gibt Zeiten, da ist weit und breit von ihr nichts zu sehen.

Und dann, auf einmal, ist sie da. Nun ist es an mir, etwas aus ihr zu machen. Jetzt. Ich muss glühen, aus meinem Fieber Feuer machen und sie beim Schopfe packen. Mit ihr tanzen. Je länger ich warte, desto mehr verliert sie an Kraft und ich an Motivation.

Ich bin für sie verantwortlich, wie eine Mutter, die dafür Sorge trägt, dass etwas wird aus ihrem Kind. Es ist meine Pflicht, ihr meine Stimme zu leihen, jetzt, da sie mich an die Hand genommen hat, um meinen Blick zu lenken. Sie lässt mich aufhorchen, innehalten und flüstert leise:

„Es ist soweit! Dies ist der Moment."

NEBEN DER SPUR

Ich hatte Glück. Unfassbares Glück. Fast wäre ich unter die Räder gekommen. Fast wäre es vorbei gewesen. Mit einem lauten Knall. Als ob ein Luftballon zerplatzt. Auf Messers Schneide. Dabei hatte ich mich ganz oft umgedreht. Hatte sichergestellt, dass der Weg auch wirklich frei war.

Ich wollte ankommen. Dafür musste ich auf die Mittelspur. Die Mittelspur ist die, auf der man am meisten sieht. Von allem ein bisschen. Manche halten sie für den Weg des geringsten Widerstandes. Sie schert nicht aus. Keine Extreme. Geradlinig und beruhigend vorhersehbar. Und doch. Es hat mich umgehauen. Wenige Meter vor der Ampel. Der Weg schien frei. Ich hatte noch Zeit.

Und dann schoss dieser Mann an mir vorbei. Die Mittelspur war zu eng für uns beide. Ich hatte es nicht kommen sehen. Er rammte mich. Brachte mich völlig aus dem Gleichgewicht. Wie ein Tier auf der Flucht raste er weiter.

Mein Rad scherte aus. Strauchelte. Steuerte auf die linke Spur zu. Raus aus der Mitte. Und dann kam der Bus. Er schwenkte aus, um die Kurve zu kriegen und in seine Spur zu kommen. Die Spur, die nicht meine war. Die Spur, auf der mein Leben jetzt gleich sein Ende finden würde. Eben dachte ich doch, ich hätte noch Zeit. Ich sah mich von oben auf dieser Straße liegen. Sah den Bus, der nur wenige Zentimeter neben meinem Kopf war. Fast konnte ich von unten in ihn hinein sehen. Das schwarze Loch. Bodenlos. Ewige Sekunden. Unwirklich und hyperreal. Aus. Vorbei. Stoppt die Uhr.

Und dann war es tatsächlich vorüber, das Unglück. Es fuhr davon! Hatte mich nicht bemerkt. Keine Abweichungen im Fahrplan. Ich schaffte es, mein Rad zum Stehen zu bringen. Zaghaft begann die Zeit, wieder loszulaufen. Eine Frau hinter mir rief: „Wow, das war knapp! Um ein Haar … !" Mehr hörte ich nicht. Der Atem setzte aus und meine Stimme machte sich selbstständig.

„Bist du wahnsinnig?!!!", schrie ich den Mann auf der Flucht an, den die rote Ampel zum Stehen gebracht hatte. „Der Bus ... !" Ich schnappte nach Luft. Es war wie Aufwachen aus der Narkose. Mir war übel und ich fühlte eine betäubende Schwere in mir. „Entschuldigung", stammelte er in holprigem Deutsch und mit weit aufgerissenen Augen. Wie ein Reh an einer vielbefahrenen Autobahn. Dabei war das hier die Mittelspur. Und er der Fahrer.

Ich flüchtete an den Straßenrand. Tränen schossen in meine Augen und schüttelten mich. Das Gewicht auf der Brust wurde stärker. Nahm mir den Atem.

Wut. Erleichterung. Angst. Starre. Schwindel. Müdigkeit. In den Beinen. In den Armen. Im Nacken. Im Kopf. Vorbei.

Den Rest des Weges schob ich das Rad. Ich hörte, wie mein Herz schlug und meine Lunge atmete. Wie das Leben mich durchströmte. Beharrlich. Gleichmäßig. Ungebremst.

Das Leben. Wieder auf Spur.

LOTTERIE

Gesichter ohne Namen
Leben am seidenen Faden
Hoffnung auf dünnstem Eis
Dass der Faden nicht zerreißt

Wieviel kostet ein Leben?
Ein Leben so wie meins?
Und wer verteilt die Lose:
„Ein Leben" oder „keins"?

Es kommt mir vor wie Tombola
Mit Chancen auf wackligen Beinen
Es kommt mir vor wie Tombola
Mit Chancen nur für die einen

Die anderen gefangen im falschen Leben
Den Joker nicht zur Hand
Bereit alles zu geben für ein Leben
In diesem reichen Land

Wieviel Leben muss man geben
Für ein Leben so wie meins?
Wieviel Hoffnung muss man weben
Da draußen, auf dünnem Eis?

Ein Mensch ist ein Mensch, bleibt ein Mensch.

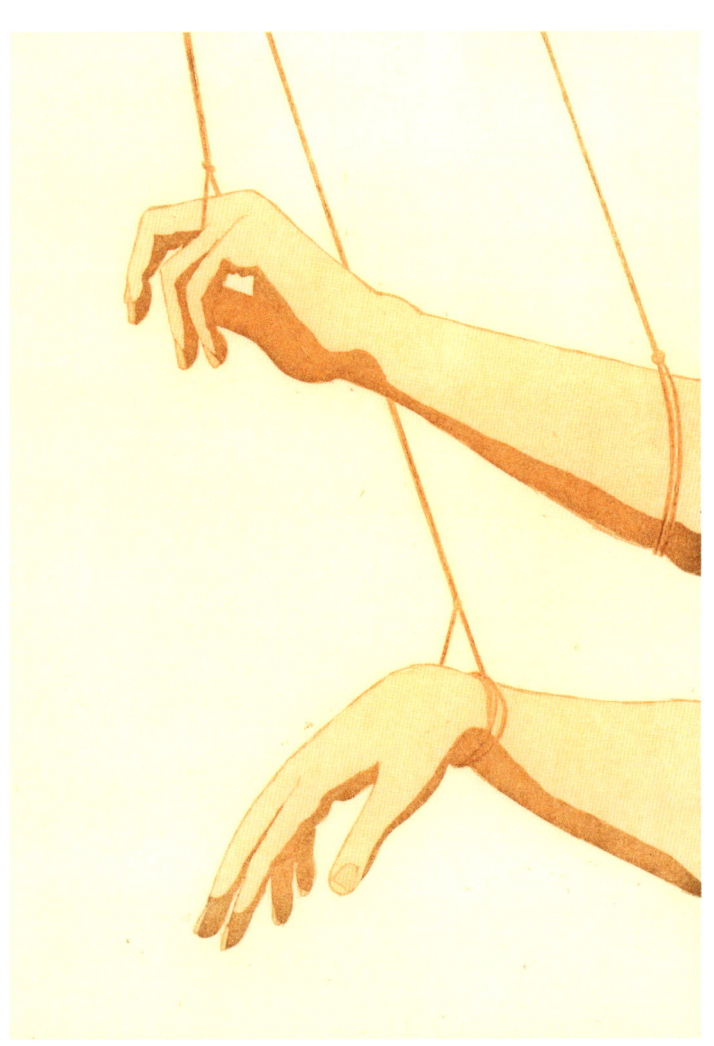

SCHATZSUCHE

Wenn der Nachmittag vor mir liegt wie ein unbeschriebenes Blatt und mein Koffer in einem Schließfach des Bahnhofs wartet, befällt mich unbändige Lust auf eine Geschichte.

Ich bin auf der Durchreise und habe vier Stunden. Zeit für eine Geschichte, die aus einer unerwarteten Begegnung erwächst. Die einen am Wegesrand unmerklich einwickelt und derer man sich erst gewahr wird, wenn man längst mittendrin ist.

Ich werde mich in ein gut besuchtes Café setzen und mich von den Gesichtern der fremden Stadt inspirieren lassen, ein überteuertes Heißgetränk bestellen und dem Sein der anderen lauschen. Werde Lebensgeschichtenkonstrukte um Gesprächsfetzen bauen. Ganz da sein. Mich vergessen.

Auf der Suche nach einem einladenden Ort schlendere ich durch die Straßen, als ich zwischen zwei Gässchen ein Antiquitätengeschäft entdecke. Vor dem großen Schaufenster stehen Holzkisten voller Bilderrahmen aus der Zeit kurz nach der Jahrhundertwende. Jugendstilrahmen mit verschnörkelten Messingfassungen und gewölbtem Glas. Relikte einer Zeit unvergänglicher Ästhetik, die einen geradezu magischen Sog auf mich ausüben. Ich komme nicht umhin, sie genauer zu betrachten. Schön und besonders sind sie, erstaunlich gut erhalten, in ihrer Anzahl beeindruckend, und sie haben ihren Preis.

Neben mir steht eine Frau, unschlüssig, eine Entscheidung zu fällen. Jedes der antiken Stücke in ihrer Hand ist mit einem farbigen, schweren Papier hinterlegt und mir wird bewusst, wie clever diese Art der Präsentation doch ist. Hier muss jemand viel Zeit und Mühe investiert haben, um den Erfolg seines Geschäftes nicht dem Zufall zu überlassen.

Während ich noch versuche, der Versuchung zu widerstehen, tritt der Verkäufer aus der Tür und meine Nachbarin beginnt, um den Preis zu feilschen. „Sie müssen hier nichts kaufen!", höre ich ihn sagen. „Gehen Sie auf den Flohmarkt und schauen Sie, was Sie dort finden. Und Sie werden sehen, es wird nicht das Gleiche sein." Als die Dame sich schließlich zum Kauf entscheidet, gewährt er ihr einen kleinen Rabatt und sie scheint zufrieden.

Der Antiquitätenhändler stellt sich zu mir und wir betrachten gemeinsam seine gesammelten Schätze. Er sieht ganz anders aus, als ich ihn mir vorgestellt habe. Neben mir steht ein kleiner Inder mit schwarzgefärbtem Haar und lädierten Zähnen in einer Wolke intensiven Tabakgeruches. Das verschmitzte Lächeln eines kleinen Jungen leuchtet aus seinen Augen. Er muss um die 60 sein. Ein Potpourri von einem Mensch. Wir kommen ins Gespräch und ich frage ihn, wie er es geschafft hat, so viele Rahmen ähnlicher Qualität zu finden. Er antwortet, dass es lange gedauert hat, es die Mühe jedoch allemal wert gewesen sei. „In Deutschland liegt das Geld auf der Straße, doch die Menschen erkennen den Wert der Dinge nicht mehr", sagt er. „Sie denken, ich sei dumm, weil ich nicht von hier bin und alte Dinge sammle. Ich nicke dann nur und sage ja, ja ... "

Sein Name ist Nazir und er erzählt mir, dass er mit 23 Jahren ganz allein aus dem nordindischen Kaschmir nach Deutschland gekommen sei. In den ersten Wochen nach seiner Ankunft verkaufte er in der Fußgängerzone zusammen mit einem jungen Franzosen handgefertigten Schmuck aus dem Geschäft seiner Eltern in Indien, die einer langen Goldschmiedetradition entstammen. Als dieses Unterfangen sich als Erfolg entpuppte, verlängerte er sein Visum um drei Monate, und das sei nun über vierzig Jahre her. „Wer hier leben will, muss die Menschen studieren", sagt er mehr zu sich selbst als zu mir. „Und du musst ihnen zeigen, wer du bist. Und wenn du ganz und gar ehrlich bist, dann öffnen sich Türen."

Wir betreten seinen Laden und ich bin sofort fasziniert vom Reichtum der gesammelten Dinge und dem chaotischen Charme in jeder Ecke. Die nostalgische Schönheit alter Dinge berührt mich, als gäbe es in meiner Seele einen Teil, der genauso alt ist.

Ich habe es längst aufgegeben, mich losreißen zu wollen, und halte drei der zarten Messingrahmen in der Hand. Er legt ein viertes Exemplar mit gesprungenem Glas dazu, den er eigentlich noch zum halben Preis hatte verkaufen wollen. Während er alles einpackt, fällt mir auf, dass mein Bargeld nicht reicht und ich noch einen Abstecher zur Bank machen muss. Er beschreibt mir den Weg und ich halte ihm die Tüte mit den Bilderrahmen hin, die noch nicht mir gehören.

Er winkt ab und sagt: „Nimm sie mit! Und du kannst mein Fahrrad haben. Dann bist du schneller!" „Im Ernst?" So viel Vertrauen von einem Menschen, der nichts von mir weiß.

Ich entscheide, zu Fuß zu gehen, und bin erleichtert, nach nur einer einzigen Nachfrage bei einem Passanten die Bank gefunden zu haben. Mein Orientierungssinn ist wie eine Skizze, bei deren Entstehung es eine Unterbrechung gab. So ist es bei einem Fragment geblieben.

Trotz meiner Anstrengung, jede Abbiegung, Weggabelung und Kreuzung der Reihe nach innerlich rückwärts zu rezitieren wie ein sperriges Gedicht, kommt es, wie es kommen muss: Ich verlaufe mich. Das wundert mich nicht, bin ich den Weg bisher doch nur in EINE Richtung gegangen. Jetzt, da ich in die entgegengesetzte Richtung laufe, erscheint mir jede Straße, die ich noch vor wenigen Minuten durchquert habe, wie ein Ort, an dem ich noch nie gewesen bin. Ich nehme an, dass Menschen, die mehr als ein Fragment besitzen, an dieser Stelle auf eine Art inneren Kompass zurückgreifen können, der ihnen mit verlässlicher Sicherheit das vertraute Gefühl vermittelt, dass sie hier ganz und gar richtig sind.

Während ich meine Kreise durch das Viertel ziehe, beginnt sich mein Gedankenkarussell zu drehen. Ich weiß weder, wie die Straße heißt, nach der ich suche, noch kenne ich Nazirs Nachnamen. „Wenn ich den Laden nicht wiederfinde, macht mich das zur Diebin? Was wird Nazir von mir denken? Wenn ich nicht zurückfinde, wird dieser Tag einen fahlen Beigeschmack bekommen und sich wie ein Grauschleier auf die Bilderrahmen legen. Sie werden das schlechte Gewissen an meiner Wand sein."

Als ich plötzlich wieder vor dem Laden stehe, habe ich nur eine vage Ahnung, wie ich hierhergekommen bin. Erleichtert trete ich ein und erzähle Nazir von meinem Irrweg und wie knapp wir beide einem unfreiwilligen Diebstahl entkommen sind.

Er lacht fröhlich und sagt: „Ach, das ist doch gar nicht wichtig. Der Reichtum eines Menschen liegt nicht im Geld, sondern im Herzen. Und dann hättest du eine schöne Erinnerung an mich gehabt. Gott ist groß, was sind da ein paar Euro!"

Langsam dämmert es mir, dass hier, in diesem Moment, in diesem Laden, jene Geschichte stattfindet, die ich mir vor zweieinhalb Stunden gewünscht habe. Ich bezahle einen Freundschaftspreis für meine Bilderrahmen und stelle mir vor, wie sie ganz legitim und im ungetrübten Glanz ihrer alten Schönheit meine Wände zieren werden.

„Darf ich dich auf ein Bier einladen?", fragt Nazir in meine Gedanken hinein. „Wenn du nein sagst, werde ich dir kein böses Auge werfen, wie man in Indien sagt." „Vielleicht nicht auf ein Bier, aber auf eine Cola", antworte ich und freue mich darauf, noch ein wenig Zeit mit ihm zu teilen. „Eine Stunde habe ich noch, dann muss ich zum Bahnhof."

Nazir zieht die Glastür zu und stellt sein Fahrrad davor. Als ich verwundert schaue, sagt er: „Hier klaut keiner was. Der Laden ist den ganzen Tag offen, immer, auch wenn ich mal kurz weg bin."

Er bestellt Bier und Cola und wir setzen uns vor die Tür eines kleinen Bistros vis-à-vis seines Ladens. „Ich habe ein Gespür für die Menschen", sagt er. „Und manchmal habe ich Eingebungen, die sich dann bewahrheiten. Du wirst es mir vielleicht nicht glauben, aber als ich dich vor dem Schaufenster sah, wusste ich bereits, dass du erst etwas kaufen und danach mit mir etwas trinken wirst. Und ich kann sehen, dass du ein sehr ehrlicher Mensch bist."

Es mag seltsam klingen, aber seine Worte verwundern mich nicht. Dieses tiefe Vertrauen in den Fluss des Lebens, dass alles genauso kommen wird, wie es gut und richtig ist. Dieses Sein im Hier und Jetzt ohne Gedanken an das Morgen. Diese Lebensfreude verpackt in Weisheit und kindlichen Schalk, die von ihm ausgeht, all das ist echt und wahrhaftig.

Neben mir sitzt ein Mensch, der alles aus dem Leben herauskitzelt, weil er keine Angst hat zu spielen. Neben mir sitzt ein Mensch, der nicht vorgibt, etwas zu sein, das er nicht ist. Neben mir sitzt ein Mensch, an dessen innerem Reichtum nicht zu rütteln ist.

Sein Weg war weit, doch er hat die Abkürzung genommen. Weil er nicht in Frage gestellt hat, dass es eine Abkürzung gibt. Ganz simpel. Ganz selbstverständlich. So, wie wir hier sitzen und Bier und Cola trinken. Ich denke an seine Worte von vorhin: „Wenn du ehrlich bist, öffnen sich Türen" und frage ihn nach der Frau, die mit mir bei den Bilderrahmen stand. „Sie ist nicht wie du", antwortet er. „Sie war schon mehrmals da. An einem Tag ist sie so, an einem anderen so. Das ist nicht gut."

Passanten gehen vorbei und schauen verwundert in unsere Richtung. Welch ungleiches Paar wir doch abgeben. Wir lachen darüber, wie alte Freunde, deren Unterschiede schon längst keine mehr sind.

Als es Zeit ist zu gehen, singt mir Nazir einige Verse eines indischen Liedes. „Du bist ein Gast, und nun musst du gehen. Vielleicht kommst du zurück, dann werden wir uns wiedersehen."

Im Zug betrachte ich die kleinen Bilderrahmen, die trotz ihrer Zerbrechlichkeit ein ganzes Jahrhundert überdauert haben. Wie viele Geschichten sich wohl hinter ihrem Glas wölbten. Nun sind sie auch Teil meiner Geschichte.

Es braucht nicht viel. Vier kleine Rahmen. Vier Stunden Leben.

Und die Tür meiner Seele steht sperrangelweit offen.

ENSEMBLE

Menschen betreten mein Leben wie eine Bühne. Wenige spielen sofort eine Hauptrolle und geben ein Plädoyer auf die Beständigkeit. Manche von ihnen sind nun auf einer anderen Bühne und von dem, was wir hatten, ist nur ein fernes Rauschen geblieben.

Andere treten leise auf den Plan und allein ihre Anwesenheit macht sie groß. Sie sind es, die mir den Spiegel vorhalten und auch vor sich selbst nicht zurückschrecken. Ihre Gegenwart ist längst so wertvoll, dass meine Definition von Glück mit ihnen steht und fällt.

Meiner Unzulänglichkeit fallen sie ins Wort. Meiner Inspiration öffnen sie Türen. Ich lerne von ihnen und gebe mein Bestes, auf ihrer Bühne eine gute Figur zu machen, denn den Applaus haben sie redlich verdient.

LICHTFLUTEN

Lichtfluten zwischen Himmel und Erde
Ein letztes Flackern des Sommers
Es sinkt tief in die Felder
In geschlossene Lider, modrige Wälder
Leuchtende Stille
Bald ist Nacht

Lichtfluten in meine Gedanken
Durch den eisernen Vorhang
Zum blinden Fleck
Aus Leere wird Fülle
Goldene Hülle
Vor der Nacht

Lichtfluten wie eine Pause
Zwischen Hektik und Rast
Licht kann man nicht atmen
Licht kann man nicht halten
Ich tue es trotzdem
Träumt die Nacht

NEULAND

„Hier geht's lang, ich kenne den Weg", sagt das Leben und nimmt meine Hand.

„Wo warst du die ganze Zeit?", frage ich erleichtert.

„Na hier", antwortet es verdutzt. „Im Leuchten des Tages und der Dunkelheit der Nacht. Im Lachen und im Weinen. In jeder kleinen Berührung und der großen Abwesenheit. In Warteschleifen und verfliegender Zeit.

Was ist, kommst du jetzt?"

Und wie ein Kind folge ich. Wie könnte ich auch nicht? Es riecht nach Mut und Wahrheit.

Nach ankerloser Leichtigkeit.

Das Leben ist jetzt.

das
Leben
ist jetzt

D A N K E

Es ist ein lebendiges Geflecht von Begebenheiten, Begegnungen und Beziehungen, das zu diesem Buch führte. Hier stehe ich nun und staune:

Ich danke Klaus Altepost für den gemeinsamen Nenner, den fruchtbaren Austausch, den Glauben an dieses Buch, seine Expertise und die wunderbare Zusammenarbeit,

Nico Heise für die immerwährende Unterstützung – an meiner Seite in Kunst und Leben – danke für den „Superklick" und den technischen Durchblick,

Karla Ruth Sanders für die schönste Version (m)eines Buchcovers und einer Freundschaft auf den Flügeln der Poesie und Inspiration,

Ann Peters für jeden guten Gedanken von Anfang an und alles, was uns verbindet,

Jennifer Claire Westhold für ihre energische Klarheit und das herzliche Ja zu diesem Projekt,

Ina Kleinod für den initialen Wegweiser in die richtige Richtung,

Dörte Lautenschläger für das Meergrün im Umschlag,

meiner Familie in Ost, Nord und Süd für das Teilhaben an meinem Weg, besonders meinen Eltern und Großeltern, meinen Brüdern, meiner Tante und meinem Onkel,

Edith und Dr. Harri Heise für das erste Lektorat,

Anita Pacher für das gemeinsame Wachsen und Staunen,

Chantal Bernadou pour notre amitié hors temps et hors frontières,

allen, die sich zwischen den Zeilen wiederfinden und deren Herz von Anfang an Ja sagte zu diesen Texten und Bildern, besonders Ciris von Strasser, Berte Kostersitz und Philipp Maurer,

und nicht zuletzt danke ich dem besten Konzertpublikum für die Inspiration zu diesem Buch!

IMPRESSUM

Julie Weißbach
Hinter dem Rauschen der Welt klopft das Herz
Gedankenbilderbuch

1. Auflage 2020

Texte und Illustrationen: © Julie Weißbach, Lübeck
www.julieweissbach.de

Buch und E-Book-Ausgabe: © 2020 Verlag Agentur Altepost 2015,
Hörstel

Satz & Gestaltung: Julie Weißbach, Lübeck
Bildbearbeitung: Nico Heise, Lübeck
Cover- und Umschlagdesign, Seite 1 und 3: Karla Ruth Sanders, Ohio
Autorinnenfoto: Gudrun Brähmig, Dresden
Druck & Bindung: Druckerei Kettler, Bönen – Printed in Germany

Verlag: www.agentur-altepost.de
.

ISBN 978-3-9822428-0-4

Bibliographische Information der Deutschen Nationalbibliothek:
Die Deutsche Nationalbibliothek verzeichnet diese Publikation in der
Deutschen Nationalbibliographie; detaillierte bibliographische Daten
sind im Internet über http://dnb.dnb.de abrufbar.